001

002

003

004

005

006

007

008

009

010

011

012

2

013

014

015

016

017

018

019

020

021

3

022

023

024

025

026

027

028

029

030

4

031

032

033

034

035  037

036

038

039

040

6

041

043

042

044

045

046

7

047

048

049

050

051

052

053

8

054

055

056

057

058

059

060

061

064

065

066

067

068

069

070

071

072

073

074

075

076

077

078

079

080

081

082

083

084

085

086

087

088

089

090

091

092

093

094

095

096

097

098

099

100

101

102

103

104

105

106

107

108

109

110

111

112

113

114

115

14

116

117

118

119

120

121

122

123

124

125

126

127

128

129

130

131

132

133

134

135

136

137

138

139

140

141

17

142

143

144

145

146

147

148

149

150

151

152

153

154

155

156

157

158

18

159

160

161

162

163

164

165

166

167

168

169

170

171

172

173

174

175

176

177

178

179

180

181

182

183

184

185

186

187

188

189

190

191

192

193

194

195

196

197

198

199

21

200

201

202

203

204

205

206

207

208

209

210

211

212

213

214

215

216 217 218 219

220 221 222 223

224 225 226 227

228 229 230 231

232 233 234 235

23

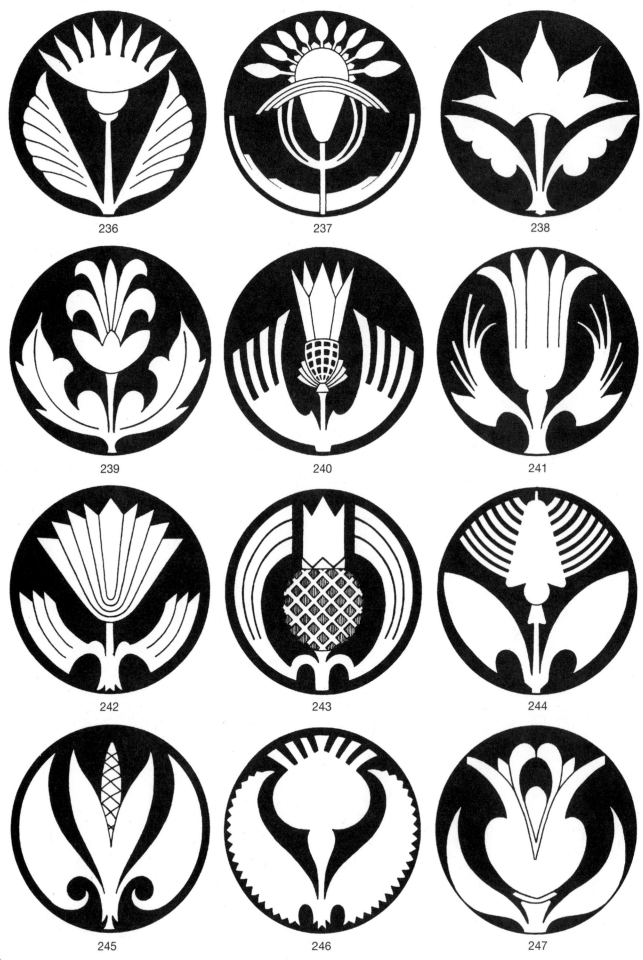

236   237   238

239   240   241

242   243   244

245   246   247

248   249   250

251   252   253

254   255   256

257   258   259

260

261

262

263

264

265

266

267

268

269

270

271

26

272

273

274

275

276

277

278

279

280

281

282

283

284

285

286

287

28

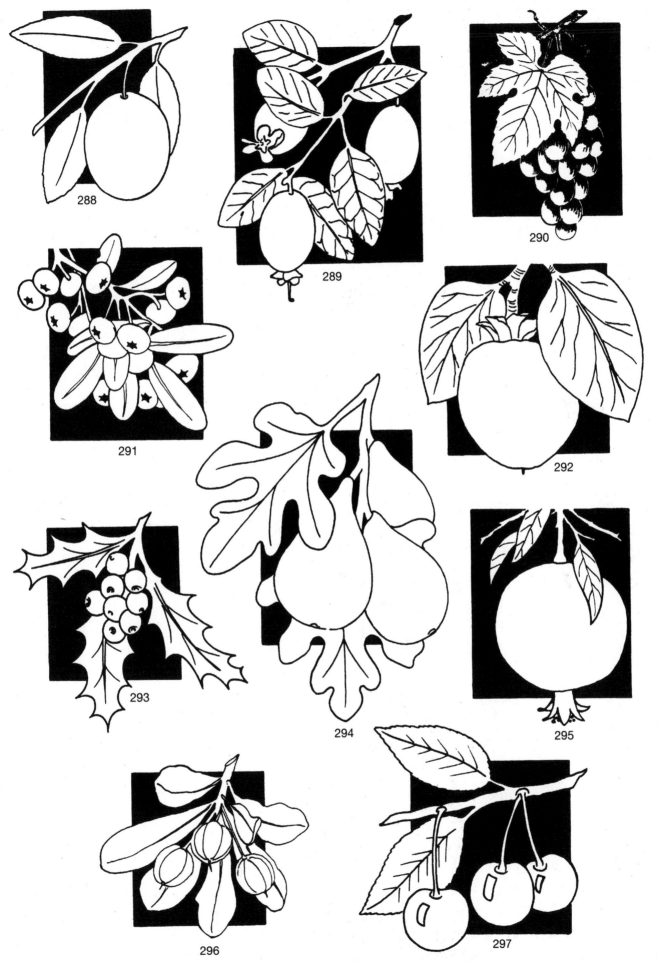

288

289

290

291

292

293

294

295

296

297

29

298

299

300

301

302

303

304

305

306

307

308

309

30

310

311

312

313

31

314

315

316

317

318

319

320

321

322

323

324

325

326

327

328

329

330

331

332

333

334

335

336

337

338

339

340

341

342

343

344

345

35

346

347

348

349

350

351

352

353

354

355

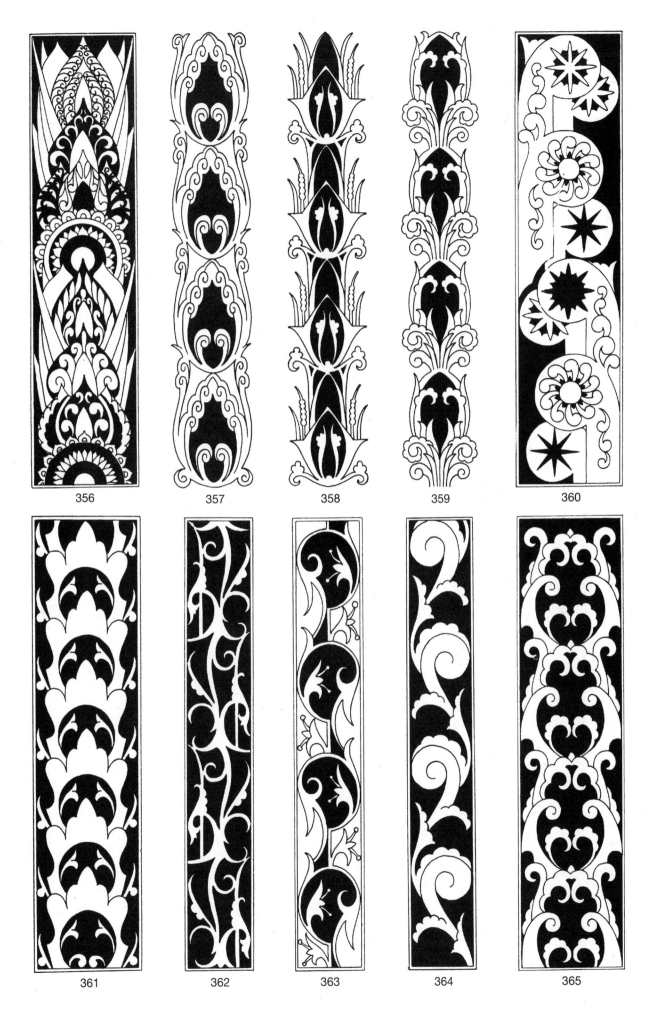

356 357 358 359 360

361 362 363 364 365

37

366

367

368

369

370

371

372

373

374

375

376

377

378

379

380

381

382

383

384

385

386

387

388

389

390

391

392

393

394

395

396

397

41

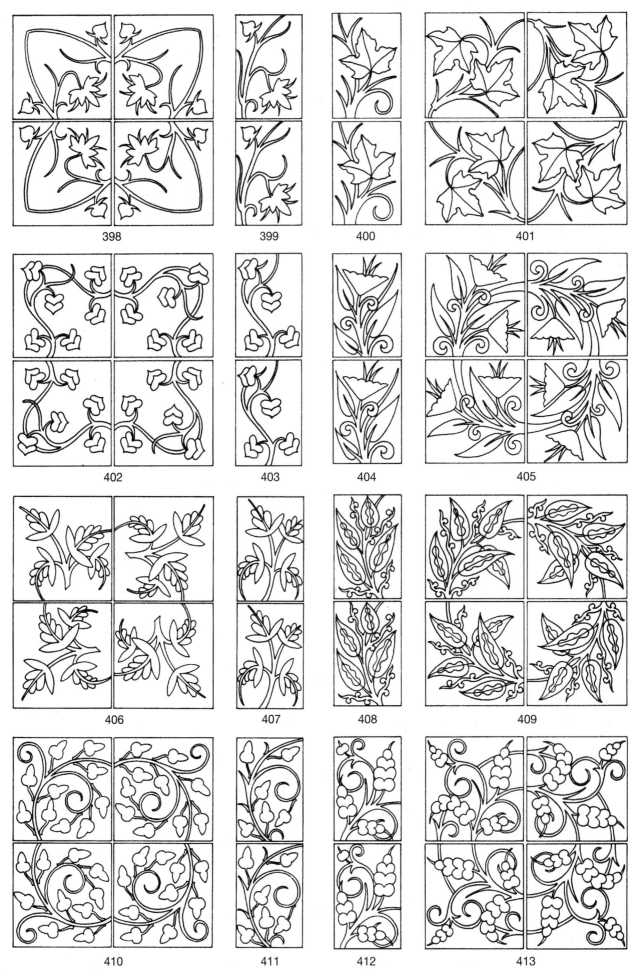

398

399

400

401

402

403

404

405

406

407

408

409

410

411

412

413

414

415

416

417

418

419

420

421

44

422   423   424   425

426   427   428   429

430   431   432   433

434   435   436   437

438   439   440   441

442

443

444

445

446

447

448

449

450

451

452

453

454

455

456

457

458

459

460

461

462

463

464

465

466 467 468 469
470 471 472 473
474 475 476 477
478 479 480 481
482 483 484 485
486 487 488 489

48